Dieses Buch widme ich meinen Eltern Hella und Ralf und meinem Bruder Niklas.

Meinen Neffen Dane und Nino.

Meiner Freundin Mona.
Jason, Mirco, Ulli, Michaela, Kathrin, Erik, Britta, Beate, Lara, Marie, Nanett, Julian, Franzi, Oma, Opa, Stefan, Franziska, Jakob, Maxi, Gerd, Traute, Katrin, Detlef, Anna, Ole, Thorsten, Katja, Gunda, Volkhard, Nico, Tatjana, Ida, Tabea, Sigi, Regina, Jana und Daniel.

Meinem verstorbenen Onkel Maik Rempe.

Und allen anderen Menschen, die ein Teil meines Lebens sind.

Aufbruch!

Die beste Lücke meines Lebenslaufs

Leni Rempe©

Leni Rempe, geb. am 01. Februar 1993 in Vechta/Niedersachsen.

Schulabschluss: Abitur

Ausbildung: medizinische Fachangestellte

Seit 2017 Autorin bei Tredition

Instagram: leni_rempe

Facebook: Leni Rempe

www.tredition.de

© 2020 Leni Rempe
Umschlag, Illustration: Leni Rempe
Lektorat, Korrektorat: Stefan Gröning, Beate Brand

Verlag & Druck: tredition GmbH, Hamburg

ISBN
Paperback   978-3-7497-0850-5
Hardcover   978-3-7497-0851-2
E-Book   978-3-7497-0852-9

28. Juni 2019

Meine Reise von Berlin über Lissabon und Miami bis nach Rio ist nicht nur eine Kulturreise, sondern auch ein bisschen eine Reise zu mir selbst. Mein Reisetagebuch fängt bereits Ende Juni in Berlin an. Das Abitur habe ich mit „gut" abgeschlossen, ich bin in einer Beziehung und habe eine nette Wohnung im Herzen Berlins. Ich habe keinen Grund, schlechte Laune zu schieben. Aber ich merke, dass ich nicht glücklich bin. Ich sitze in meinem Wohnzimmer und ich vermisse meine Freunde und meine Familie in Niedersachsen sehr. Und beim Tippen dieser Zeilen schießen mir die Tränen in die Augen.

Heute ist der 28. Juni 2019. Auf meiner App der Fluggesellschaft steht: In 179 Tagen geht Ihr Flug von Rio de Janeiro nach Berlin Tegel. Das heißt, in 179 Tagen ist meine aufregende Reise bereits wieder vorbei. Ich werde am 30. September in Begleitung meiner Cousine Anna nach Lissabon fliegen, wo wir einen Tag bleiben, anschließend geht es nach Miami. In Miami werden wir 8 Tage verweilen bis es

Mitte Oktober nach Rio de Janeiro geht. Dort haben wir zusammen ein Zimmer in Ipanema und es sind nur wenige Meter bis zum Strand Copacabana. Ich bin voller Vorfreude und total gespannt, wie es dort ist und wie es mir gehen wird. Finde ich Freunde? Wie sind die hygienischen Verhältnisse? Anna fliegt im Oktober zurück nach Deutschland und ich werde noch 9 Wochen alleine in Rio, im Stadtteil Botafogo/Leme, leben. In Leme habe ich mir ein Zimmer bei einer brasilianischen Dame, Terese Bellido, gemietet.

Ein südamerikanischer Moment in Berlin

Dieses Jahr ist der Sommer sehr heiß. 36 Grad und in den nächsten Tagen soll es noch wärmer werden. In meiner 2,5-Zimmer Wohnung in Berlin halte ich es nur schwer aus, denn ich wohne im 5. Stock unter dem Dach, aber dafür genieße ich eine tolle Aussicht auf die Allee und auf die Flugzeuge, die in Tegel landen und auf den Fernsehturm am Alexanderplatz. Gestern bin ich gedanklich schon durchgegangen, was ich mit auf meine Reise nehmen möchte. Allerdings ist mein Platz begrenzt, denn ich nehme nur einen großen Reiserucksack mit, weil ich ausprobieren möchte, mit wie wenig Dingen man auskommen kann.

Eine Sache oder besser gesagt eine Person, die ich nicht mitnehmen kann, aber ohne die ich nur schwer auskomme, das ist meine Freundin Mona. Hundertmal schaue ich auf mein Smartphone, aber wieder keine Nachricht von ihr. Und mir ist wirklich sehr warm heute!!! Das schlägt mir auf den Magen. Ich versuche mich abzulenken, aber es gelingt mir nur mäßig. Ich schreibe lieber weiter über meine Reise. Wie bin ich darauf gekommen, nach Brasilien zu gehen? Das ist eine gute Frage. Ich habe mich länger mit dem Land beschäftigt und in unterschiedlichen Schulfächern auch einen Vortrag darüber gehalten. Ich möchte für einige Zeit weg aus Deutschland und mir vielleicht auch selbst beweisen, dass ich überall auf der Welt klarkommen kann. Außerdem muss ich endlich mal durchatmen und zur Ruhe kommen.

Im Sommer 2017 habe ich mein erstes Buch „Ferngesteuert" veröffentlicht. Ich habe meinen eigenen Schreibstil. Nicht jeder Satz ist grammatikalisch korrekt. Mir ist es nämlich wichtig, so zu schreiben wie ich rede, damit der Leser das Gefühl hat, er würde mir beim Sprechen zuhören. Und bisher kommt das auch ganz gut an.

2018 habe ich „Nachspielzeit" geschrieben, die Biografie mit und über die Fußballerin Patricia Hanebeck. Ein paar Tage nach der Veröffentlichung habe ich ein drittes Buch angefangen. Es sollte eine Biografie mit Auswanderer Chris Töpperwien werden. Chris ist bekannt durch die Erfolgsserie „Goodbye Deutschland!".
Aber dazu ist es nicht gekommen. Ich habe mich ausgebrannt gefühlt und musste die Konsequenzen ziehen. Außerdem hatten wir am Ende doch unterschiedliche Vorstellungen über den Inhalt des Buches. Die Schule ist nun

ebenfalls vorbei und es ist etwas Ruhe einge-
kehrt. Ich spüre wieder mehr Energie.

Meine Freundin hat mir geraten, dass ich doch
ein paar Gedanken und Gefühle aufschreiben
könne, um die letzten Wochen zu verarbeiten
und um wieder mehr Leni zu werden.

Ich bin sehr emotional, oft laufen mir Tränen
durchs Gesicht und ich bin schnell enttäuscht.
Ich war schon immer emotional, aber nicht
anstrengend. Warum es momentan so ist?
Ich weiß es nicht. Aber ich weiß, dass ich
meine Freunde und meine

Familie unheimlich vermisse, denn die
wohnen in Niedersachsen, ca. 400 Kilometer
von mir entfernt. Ich bin eigentlich gerne
alleine und freue mich, wenn mich nicht alle
Menschen beim Einkaufen ansprechen. Da
muss ich ehrlich sein. Ich glaube nicht, dass
ich ein richtiger Dorf-Mensch bin, dennoch
fühle ich mich immer öfter einsam. Mit
meinem Kumpel Mirco abzuhängen, mit
Kathrin über alte Zeiten lachen, mit Lara
Fußball zu gucken oder mit meinen alten
Nachbarn Julia, Britta und Sascha ein Bier im

Garten trinken, das alles habe ich in Berlin nicht.

Was erwartet mich in Brasilien? Auf jeden Fall sind Genussmittel in Brasilien teurer als in Deutschland. Zum Beispiel kostet Wein im Supermarkt ungefähr das Dreifache als in Berlin. Ein Glas Nutella kostet etwa 35 Real (umgerechnet ca. 8,70 €). Ich habe mir bereits einen portugiesischen Sprachkurs gebucht. Vielleicht lerne ich dort auch andere Leute aus Deutschland kennen.
Ich werde von Montag bis Freitag von 9 – 13 Uhr in der Schule sitzen. Das kenne ich ja noch allzu gut.

25. Juli 2019

Heute ist es noch wärmer als in den letzten Tagen und geschlafen habe ich auch eher schlecht. Ich habe geträumt, dass ich meinen Rückflug nach Deutschland verpasse.

Ich bin froh, wenn ich an allen Orten gut ankomme und wenn ich mich mit den

Einheimischen verständigen kann. Ich spreche natürlich Englisch, aber mir fehlen auch viele Vokabeln. In der Oberstufe hatte ich den Spanisch-Leistungskurs, aber in Brasilien wird portugiesisch gesprochen. Ich beruhige mich selber immer mit einem: „Das wird schon werden" und meistens ist es auch so.

Meine Wohnung habe ich während meiner Abwesenheit vermietet. Es ist ein eigenartiges Gefühl, dass fremde Leute in meinem Bett schlafen und meine Sachen benutzen. Ich habe sogar überlegt, ob ich meine Wohnung nicht vermiete und die monatlichen Kosten, die natürlich weiterlaufen, von meinem Sparkonto nehme. Aber das wären dann ca. 2100 € für 3 Monate plus 6000 €, die ich für meine Reise ausgebe. Ich wäre dann 8100 € los und bei 0 Einnahmen ist das für 3 Monate viel Geld. Ich vertraue also auf meine Menschenkenntnis und vermiete meine Wohnung an zwei Studenten.

In mir entwickelt sich ein Gefühl, das ich bisher noch nicht kannte: Langeweile.

Ich hatte am 27. März meinen letzten Schultag und musste seitdem nur noch zu verschiedenen Abiturprüfungen auftauchen. Das ist jetzt 3 Monate her. Meine letzte Prüfung hatte ich im Mai. Ich habe also jeden Tag keine Aufgabe. Das war in der ersten Zeit richtig schön und ich wusste mich auch immer zu beschäftigen. Fahrradtour, Basketball, Schwimmen, Einkaufen, mit Freunden treffen und Sendungen im TV schauen. Das alles wiederholt sich allerdings jetzt täglich. Langweilig!

Auf meiner To-do-Liste stehen:

- Krankenversicherung
- Impfungen
- Geld Change
- Bordkarten

Ein Visum benötigt man für eine Reise nach Brasilien nicht. Man darf als Tourist für 90 Tage am Stück bleiben bzw. 90 Tage insgesamt, dann muss man für 3 Monate ausreisen. Das wollte ich auch ausnutzen, allerdings habe ich meinen Flug, der Neujahr nach

Deutschland gegangen wäre, für Mona
(und für mich) umgebucht. Ich werde also an
Heiligabend in Berlin landen. Warum sind ein
paar Tage weniger ein Unterschied? Gute
Frage! Aber Weihnachten zusammen zu
verbringen, ist schön. Ich stelle mir oft vor,
dass sie mich abholt und wie sie mich begrüßt.
Das hört sich sicherlich komisch an, aber
darauf freue ich mich jetzt schon. Heute
Mittag habe ich mir eine Liste geschrieben,
was ich mit auf meine Reise nehmen werde.

Ich packe meinen Rucksack und nehme mit:

1000 €, Reisepass, Impfpass, Handy, Auflade-
kabel, Tablet, Handtuch, Bikini,
2 Bücher, Flugunterlagen, 2 volle Kulturbeutel,
Faltrucksack, Flip-Flops, Sportschuhe,
5 T-Shirts, 2 Hosen, 3 Socken,
Unterwäsche, MP3-Player, Bauchtasche,
Sonnenbrille.

Der Rucksack ist voll und die 8 Kilo sind
unterschritten. Aber ich denke, dass ich damit
gut auskommen werde. Terese, bei der ich in
Leme wohnen werde, heißt eigentlich bürger-

lich Terezinha. Wir haben ab und zu Kontakt über WhatsApp und freuen uns auf das Kennenlernen. Sie hilft mir stets bei Fragen weiter, so habe ich ein gutes Gefühl. Brasilien und Rio sind natürlich ein ganz anderes Pflaster als Deutschland. Die Kriminalität ist hoch. Auch am Tage werden Menschen entführt, überfallen und verschleppt. Aber ich lasse das nicht an mich ran. Auch Berlin ist eine kriminelle Stadt und ich habe hier gelernt, vorsichtig und achtsam zu sein. Wenn ich am Abend unterwegs bin,
drehe ich mich öfter um und schaue, wer hinter mir geht. Manchmal wechsle ich sogar die Straßenseite und muss mich selbst beruhigen, damit ich nicht in Panik gerate.

14. September 2019/ Abschiedsparty

Heute Abend kommen mich Freunde aus Berlin besuchen. Mona bereitet einige brasilianische Spezialitäten vor. Die ganze Wohnung ist geschmückt. Ich wohne bei Mona und Jason (Sohn), solange meine

Wohnung vermietet ist, aber die meiste Zeit bin ich ja unterwegs. Ich freue mich, meine engsten Freunde noch einen Abend um mich herum zu haben, bevor es los geht.
Danke für die Unterstützung Mona!

Mona und ich
Leni Rempe©

29. September 2019 – morgen geht es los

Die Vorfreude ist da. Allerdings auch das Gefühl der Ungewissheit, was mich erwartet und vor allem, was mich erwartet, wenn ich wieder zurück in Deutschland sein werde. Ich lasse meine Freundin zurück. Ich habe im Dezember keine Arbeitsstelle und meine Wohnung ist noch bis zum Februar vermietet. Aber das schiebe ich jetzt weg. Das muss ich wegschieben!
Ich wollte im Hier und Jetzt leben und genau JETZT habe ich die Möglichkeit dazu.

30. September 2019

In einer Stunde geht es los. Wow. Jetzt sage ich: Goodbye Deutschland!

Als Nachtrag schreibe ich hier:
Wenn ich geahnt hätte, was auf dieser Reise alles schief geht, dann wäre ich vermutlich in Berlin geblieben. Vielleicht aber auch nicht! Ich bin an den Herausforderungen gewachsen. Viele Dinge würde ich anders machen, aber

ich glaube auch, dass alles aus einem
bestimmten Grund passiert ist. Mein
Portmonee ist sehr viel leichter geworden,
mein Körpergewicht auch und ich weiß, dass
ich ohne meine Freunde und auch ohne meine
Familie nur schwer leben kann, auch wenn ich
oft zurückgezogen lebe. Sich einsam zu fühlen
ist auch nicht schön.

Flughafen Tegel, Leni Rempe©

Anna und ich sind in Lissabon gelandet. Unsere erste Zwischenstation. Morgen soll es schon weiter in die USA gehen. Den Antrag für das Touristen-Visum (ESTA) haben wir bereits vor Wochen ausgefüllt. Anna hat eine schöne Unterkunft für uns gefunden und wir wollen uns etwas zu Essen bestellen.

Ich habe mir eine leckere Bowl und Anna hat sich Sushi ausgesucht. Erster Tag, erste Panne. Der Lieferservice findet unser Apartment nicht, also gibt es kein Essen. Das Geld wurde trotzdem abgebucht. Da unser Nervenkostüm recht dick ist, finden wir es ärgerlich, aber nicht weiter schlimm. Am nächsten Morgen klingelt um 7 Uhr der Wecker, denn wir wollen um 9 Uhr am Flughafen sein. Der Flug nach Miami geht um 11:50 Uhr. Während der Wartezeit mache ich mir Gedanken über mein bisheriges Leben.

Rückblick

Bisher hatte ich noch nicht viel Ahnung vom Reisen. Ich wusste nicht viel über andere Kontinente, nichts über Brasilien und nicht, wie man einen Backpack packt. Ich war eine typisch deutsche Arbeitnehmerin mit einem relativ stupiden Alltag. Ich mochte und mag es zwar organisiert und strukturiert, aber mir ist es zu langweilig geworden.

Mit 6 Jahren habe ich angefangen beim TUS Wagenfeld Handball zu spielen und mit 20 habe ich 2013 meine Karriere beendet. 14 Jahre hat der Sport meine Wochenenden und meine Freizeit nach der Schule und später
nach der Arbeit bestimmt und es hat mir auch unendlich viel bedeutet. Ich brauchte dieses Mannschaftsgefühl und arbeite auch beruflich gerne im Team zusammen. Ich habe sogar 2 Spiele in der Oberliga absolviert. Zusätzlich zum Handball habe ich als Jugendliche auch zwei Jahre Fußball gespielt. Das ist dann allerdings etwas viel geworden. Von 2015 bis 2018 habe ich in Berlin einen zweiten Anlauf mit dem Fußball genommen, allerdings ist ein Team in der Großstadt etwas anderes. Du bist eine von vielen Spielerinnen.
Aber zurück zum Handball!
Neben sportlichen Erfahrungen bin ich auch sehr dankbar, dass ich von unterschiedlichen Charakteren lernen konnte. Drei Handballtrainer, die mich charakterlich sehr geformt haben, sind Kalle Wemmel, Maik Schwenker und Szymon Piechowiak. Kalle war als Trainer immer sehr ruhig, positiv und stets ein

richtiger Sportsmann. Maik kenne ich schon fast mein ganzes Leben und er hat mir immer vermittelt, dass es sich lohnt bis zur letzten Sekunde zu kämpfen. Szymon hatte einen unermüdlichen Ehrgeiz und hat mir absolute Disziplin vermittelt. Diese Eigenschaften habe ich für mein Leben gelernt und dafür bin ich EUCH sehr dankbar.

Von 2016 bis 2019 habe ich mein Abitur in Berlin nachgeholt und während dieser Zeit habe ich angefangen mich mit anderen Ländern und deren Kultur auseinanderzusetzen und in verschiedenen Unterrichtsfächern Vorträge darüber zu halten. Der Bossa Nova (portugiesisch für neue Welle) aus Brasilien hat mich besonders interessiert. Ich finde diese Musik beruhigend und gleichzeitig positiv und voller Energie.

Nach dem Abitur ist man in der komfortablen Situation, sich Zeit für Dinge zu nehmen, die man schon immer einmal machen wollte. Wenn man in einem festen Arbeitsverhältnis steht, dann ist es schwieriger. Aus diesem

Grund passte eine größere Reise perfekt in die Zeit nach dem Abi und vor Neujahr 2020. Mein Plan: 90 Tage unterwegs sein. Da ich denke, dass wir alle chronisch untersommert sind, fiel die Entscheidung auf Lissabon, Miami und Rio de Janeiro. Einige Wochen später habe ich mir überlegt, dass ich an Weihnachten zurückkehre, es bleiben 85 Tage.

1. Oktober 2019/ Flughafen Lissabon

Heute geht es weiter in die USA. Es ist 9 Uhr und wir sind am Flughafen in Lissabon. Ich bin schon etwas aufgeregt, denn jetzt geht es über den großen Teich. Unser Flug geht um 11:50 Uhr und wir trinken schnell noch einen Kaffee. Anna und ich haben geschlafen wie ein Stein.
Drei Stunden später dann die Ernüchterung. Die Airline hat aus unerklärlichen Gründen das Gate geschlossen. Mit Sack und Pack sind wir noch vergeblich zum Gate 43 gerannt. Es wurde sogar durchgesagt, dass Anna und ich auf dem Weg sind. Aber das Gate war zu! Wir

stehen am Servicepoint mit 8 anderen Passagieren und müssen einen neuen Flug für den Folgetag buchen. Knapp 800 € pro Person. Die anderen Passagiere schauen auch ratlos in die Luft. Hier ist das erste Szenario! Der Betrag reißt das erste Loch in die Urlaubskasse. Anna und ich schauen uns an und wissen nicht, ob wir lachen oder heulen sollen. Wir entscheiden uns zu lachen. Wir suchen uns eine Unterkunft für die Nacht und machen am Abend noch eine Segeltour mit Sonnenuntergang. Auf dem Weg zu unserem Segelschiff hat uns ein portugiesischer Taxifahrer ans andere Ende der Stadt gefahren und uns ca. 70 € abgenommen. Es war Betrug. Zweites Szenario. Wir atmen kurz durch. Kein Essen vom Lieferservice, ein verpasster Flug und eine Taxifalle. Drei Stolpersteine innerhalb von 20 Stunden, das sollte für die nächsten Monate reichen.

Die zweite Unterkunft in Lissabon ist sehr schön. Total sauber und ein tolles Frühstück am Morgen.

Zweiter Versuch: Flughafen Lissabon.
Wir sitzen im Flieger Richtung Miami.

Segeltour Lissabon,
Leni Rempe©

USA/Miami – Das Land der unbegrenzten Möglichkeiten

Wie begrenzt die Möglichkeiten sind, das sagt mir allerdings der Geldbeutel relativ schnell. Miami ist teuer.

Die Sonne brennt sehr auf der Haut. Im Supermarkt bekommt man Sonnencreme mit Lichtschutzfaktor 100. Aber auch das hat nicht geholfen, nach 20 Minuten habe ich mich mächtig verbrannt. Sport kann ich nur am Morgen zwischen 7:30 und 9:30 Uhr treiben, dann wird es einfach zu heiß und ich bekomme Kreislaufprobleme. Dieses Klima bin ich nicht gewöhnt.

Aua! Miami-Sonne, Leni Rempe©

Hollywood Boulevard, Leni Rempe©

Unsere Unterkunft ist eine Doppelhaushälfte, nebenan wohnt der Besitzer, Robert.
Robert ist Polizist und das gibt uns ein gutes Gefühl. Zunächst.

Überall krabbeln Ameisen. In der Küche und im Badezimmer. Überall. Daran muss ich mich noch gewöhnen. Unsere Haustür hat einen Code, das ist sehr vorteilhaft, weil ich jeden Morgen ein bisschen Sport mache und so keinen Schlüssel mitnehmen muss. Wir haben die Unterkunft natürlich über das Internet gefunden und gemietet. Wie auch sonst. In unserem Haus befinden sich 2 Schlafzimmer,

2 Badezimmer, Küche und ein offenes Wohnzimmer. Da kein anderer Gast die Wohnung gemietet hat, entscheiden Anna und ich, dass wir das zweite Schlafzimmer auch nutzen, damit wir uns nicht in ein Zimmer quetschen müssen. Robert hat überall Fotos von sich auf Leinwand drucken lassen und aufgehängt. Irgendwie gruselig, dass er uns quasi beim Essen beobachtet.

Anna fotografiert das ganze Zimmer, um alles wieder genauso herrichten zu können. Sie versucht am Abend wie eine Feder in dieses Zimmer zu schweben, weil das Haus sehr hellhörig ist und offiziell haben wir das Zimmer ja nicht gemietet.

In der zweiten Nacht habe ich Schritte gehört und bin davon aufgewacht. Ich stehe auf und schaue aus meiner Zimmertür. Zwar sehe ich nichts, aber ich höre immer noch Schritte auf den letzten Stufen der Treppe, die nach unten in den Eingangsbereich führt. Weil sich unten das zweite Badezimmer befindet, dachte ich, dass Anna zur Toilette geht. Am nächsten Tag stellte sich heraus, dass Anna nicht unterwegs war. Ich schließe in den nächsten Nächten meine Zimmertür ab.

Robert ruft an und bittet uns, besser darauf zu achten, dass wir die Haustür auch am Tage verriegeln. Woher weiß er, dass wir die Tür nicht verriegeln? Als der Code an einem Nachmittag nicht funktioniert, klingele ich bei ihm und bitte ihn um Hilfe.
Er sagt: „No problem!"
Und macht mir die Tür von seiner Haushälfte auf. Ok, er hat also Zugriff auf unsere Haustür. War Robert in der Nacht in unserem Haus? Oder hat er Kameras aufgestellt?
Diese Frage klärt sich, als wir längst in Brasilien sind.
Beim Einkaufen werde ich täglich mit Plastiktüten ausgestattet. Es ist unglaublich, aber ich habe für drei Lebensmittel vier Tüten bekommen. Mit einer Abfallmenge von knapp 630.000 Tonnen pro Tag (!) sind die USA die größten Müllproduzenten.

Everglades und die Truckerlady

Die Everglades sind ein tropisches Marschland im Bundesstaat Florida.

Die Everglades zu besuchen war eine großartige Erfahrung. Mit einem Sumpfboot durch die Natur zu fahren hat sehr viel Spaß gemacht. Wir haben Schildkröten und Alligatoren gesehen. Unser Fahrer hat jedem Vogel einen Namen gegeben und wir konnten die Tiere sogar füttern. Der National Park war eine Autostunde von unserer Unterkunft entfernt. Das war sehr kostspielig, denn pro Tour mit Uber hat es 65 € gekostet, also 130 € nur für den Weg. Da wir dort kein Netz hatten, mussten wir eine Lösung finden, um wieder nach Hause zu kommen. Eine Truckerlady, die im Team des Parks arbeitet, hat uns auf der Ladefläche ihres Pick-ups mitgenommen. „Get in", sagte sie. Wir sind über eine Schnellstraße gefahren. Die Betonung liegt tatsächlich auf schnell. Der Lady ist keinesfalls in den Sinn gekommen, langsamer zu fahren, denn immerhin saßen Anna und ich ungesichert auf einer offenen Ladefläche. Mir ist zwischendurch leicht die Luft weggeblieben. Sie hat uns an einem Rastplatz hinausgelassen, wo wir in einem Imbiss ins WLAN konnten, um einen Uber-Fahrer zu rufen. Mit neuer Sturmfrisur haben wir einen Burger gegessen und warteten auf den Fahrer. Der Tag war atemberaubend, im wahrsten Sinne des Wortes.

Ein Bekannter aus Berlin, Daniel, war auch gerade auf USA-Tour und wir haben uns in einem Imbiss getroffen. Wir plauderten über Fußball und über gemeinsame Bekannte. Irgendwie war es schön, einen flüchtigen Bekannten in Miami zu treffen. Ein gemeinsamer Freund von Anna und mir wohnt seit fast zwei Jahren in Fort Lauderdale, mit ihm haben wir uns ebenfalls getroffen.
Rene kenne ich seit meiner Realschulzeit in Wagenfeld, wo ich aufgewachsen bin. Wir haben damals den Schulkiosk betrieben.

Everglades/Alligator, Leni Rempe©

Everglades, Leni Rempe©

Everglades, Leni Rempe©

Pickup-Fahrt, Leni Rempe©

6. Oktober 2019

Miami hat einen tollen Strand, den Miami Beach. Noch schöner finde ich allerdings den Hollywood Beach. Letzterer ist nicht so überlaufen und es wimmelt nicht an jeder Ecke von Touristen. Anna und ich haben einen ordentlichen Fußmarsch zurückgelegt. Wir sind heute den Hollywood Boulevard entlang gegangen, bis wir am Strand angekommen sind. Die Sonne brannte mal wieder auf der Haut, aber es war schön an den amerikanischen Häusern vorbeizulaufen.

Miami Beach, Leni Rempe©

Gecko/Thomas Street, Leni Rempe©

Willkommen in Rio de Janeiro. Die Schwüle liegt schwer in der Luft. Die Luftfeuchtigkeit ist sehr viel höher als in Deutschland. Von 2008 bis 2017 emigrierten ca. 14.000 Deutsche nach Brasilien und ca. 16.000 zogen zurück nach Deutschland. Wirtschaftliche Gegensätze und politische Spannungen haben viele Deutsche zu einer Rückkehr nach Deutschland bewogen. Es gibt einige Regionen in Brasilien, in denen sehr viele Nachkommen deutscher Einwanderer leben.

Bogota (Kolumbien) /1 Tag zuvor

Zwei Stunden haben wir Aufenthalt in Bogota und ich kaufe ein paar Mitbringsel und typisches regionales Essen. Lissabon und Miami liegen bereits hinter uns und die nächste Station ist mein Hauptziel: Brasilien, Rio de Janeiro. Ich bin so müde, denn ich kann unterwegs nicht schlafen. Weder im Auto oder im Zug noch in einem Flugzeug. Ich fühle mich total benebelt und verstehe kaum noch ein Wort, weil meine Konzentration komplett

weg ist. Die Flugbegleiterin teilt das Essen aus.
Sie ruft: „Maßband, Maßband", was?
Maßband? Ich runzele meine Stirn und wundere mich. Wofür benötigt sie ein Maßband?
Dann sehe ich das Brot auf ihrem Teller.
Sekunden später fällt mir ein, dass
sie „mas pan" gerufen hat. Das ist spanisch
und heißt: mehr Brot, mehr Brot. Möchte
jemand noch Brot?
Es ist Zeit zu schlafen!

Olá Brasil

Mein erster Tag in Brasilien, ein Dienstagmorgen. Es ist 6 Uhr und es ist ziemlich verregnet.
Anna und ich finden in der Straße hinter
unserer Unterkunft einen leckeren Bäcker.
„Pão e companhia", eine Kette in Brasilien, die
täglich Buffet anbietet. Es ist wahnsinnig
lecker. In Brasilien gibt es keinen festen Preis
für das Essen am Buffet, sondern es wird gewogen. Jeder füllt sich den Teller so, wie er
möchte, dann wird gewogen und man erhält
einen Bon, den man am Ende bezahlt. 100 g

kosten im Schnitt 5 Real, das sind umgerechnet ca. 1,25 €. Ich habe dieses System sehr
lieben gelernt und mein Portmonee auch!

In der Bäckerei lerne ich zwei Brasilianer
kennen, mit denen ich mich anfreunde. Joao
und Samila. Beide kommen gebürtig aus Rio
und erzählen mir viel über die Brasilianer und
über die aktuelle politische Situation.
Natürlich hat jeder eine eigene politische
Meinung, aber es ist interessant, etwas von
Einheimischen zu hören. Dazu später mehr.

11. Oktober 2019

Heute fahre ich mit Anna auf den Zuckerhut.
Mit einer Seilbahn geht es auf den
Pão de Açúcar, wie er auf Portugiesisch heißt.
Es ist ein schöner und sonniger Tag und die
Aussicht ist fabelhaft. Man schaut auf die
reichen Viertel der Stadt: auf den Yachthafen,
auf das Bankenviertel und auf die
Copacabana. Hier sieht man, was die Stadt zu
bieten hat, und das sind Berge, Meer und

eine lebhafte (Innen-)Stadt. Drei Attraktionen in einer Stadt, das ist besonders. Ich werde mit Jason und Mona viele Attraktionen nochmal besuchen.

Nachricht von Robert

Als Anna auf ihr Handy schaut, ist eine Mail von Robert aus Miami drauf. Er schreibt:

Hi Anna und Leni, ihr seid nicht dazu befugt gewesen, das zweite Zimmer zu nutzen!!! Ich werde es ohne Konsequenzen belassen! Robert

Was für Konsequenzen sollen das auch sein? Wir ignorieren diese Nachricht. Wenn Robert nicht in unserem Haus war und auch keine Kameras aufgestellt hat, dann kann er nicht wissen, dass wir auch in dem zweiten Zimmer waren. Wir haben nichts Verbotenes getan. Wenn er ausschließen möchte, dass jemand in das Schlafzimmer geht, dann muss er die Tür abschließen. Des Weiteren hat er keinen Nachteil dadurch. Vor unserer Abreise haben wir beide Schlafzimmer gesäubert, die

Bettwäsche gewaschen und ich behaupte, dass die Unterkunft am Ende in einem besseren Zustand war als zuvor. Wir lachen ehrlich gesagt über seine Nachricht, weil wir es nicht fassen können.

Erste Unterkunft in Ipanema

Meine erste Unterkunft in Rio ist im Stadtteil Ipanema. Anna und ich wohnen bei einer brasilianischen Familie zusammen mit Nicole, einer Austauschschülerin aus den USA. Der Star der Familie ist Valentina.
Valentina ist eine Hausschildkröte. Sie liebt die Ecken, wo Staub liegt, und sie liebt es, sich neben das Bett zu legen. Täglich haben Anna und ich Angst, sie platt zu treten.
Die Familie hat oft Besuch und Anna sagt deshalb immer, dass wir in einer Kommune wohnen.

Valentina, Leni Rempe©

Lebensstil der Cariocas

Carioca (Haus des Weißen) nannten die Ureinwohner, die Indigenas, das erste Stein-haus der Portugiesen am Strand von Flamen-go. Flamengo ist ein Stadtteil von Rio de Janeiro. Die Bezeichnung „Carioca" ging auf die Einwohner der Stadt über und steht auch für einen bestimmten Lebensstil. Den Cariocas ist Menschenkontakt wichtig und sie achten weniger auf Pünktlichkeit oder Hausarbeit. Das erfahre ich immer wieder hautnah durch meine Mitbewohnerinnen. Fremde, zum Beispiel ich, werden offenen Herzens empfangen und in Gespräche einbezogen. Mein Problem ist nur, dass ich nicht viel antworten kann, weil mir die Vokabeln fehlen. Oft versuche ich es mit Englisch, aber die meisten Brasilianer sprechen nur Portugiesisch. Wenn man bereits Spanisch spricht und dann mit Portugiesisch anfängt, dann hat es Vor- und Nachteile zugleich. Die Brasilianer verstehen Spanisch, aber derjenige, der Spanisch spricht, der versteht kein Portugiesisch. So geht es mir auch. Aber mit Händen und Füßen und einem unschuldigen Lächeln geht es irgendwie.

Einkaufen in Rio de Janeiro

Der Supermarkt „Zona Sul", ist ebenfalls eine Kette, mit kleinerer Auswahl und höheren Preisen, als wir aus Deutschland gewohnt sind. Natürlich gibt es noch andere Supermarkt-Ketten, wo die Preise günstig sind, allerdings ist die Qualität nicht so gut. Und das merkt man in Brasilien. Wer einkaufen geht, der muss Zeit einplanen. Die

Verkäuferinnen halten einen Plausch, schauen zwischendurch aufs Smartphone und lassen sich Zeit. Als erstes wird man gefragt, ob man eine Kundenkarte besitzt und dann werden die Artikel über den Scanner gezogen, aber ganz entspannt. In Deutschland wird man nach dem Bezahlen schon fast von der Kasse weggeschubst, weil alles schnell gehen muss. Das kann ich mir in Brasilien nur schwer vorstellen. Jeder wartet geduldig bis alle Artikel in Tüten und Taschen gepackt sind.

14. Oktober 2019

Ein sonniger Tag. Nachdem es in den letzten Tagen sehr oft und sehr stark geregnet hat, können Anna und ich heute einen Strandtag genießen. Mit unseren Handtüchern gehen wir zum Copacabana Beach und bräunen uns etwas. Im Minutentakt kommen Strandver-käufer vorbei, die Tücher, Sonnenbrillen, Cocktails oder Snacks anbieten. Einheimische raten dazu, nichts Wertvolles mit an den Strand zu nehmen. Ich mache mir da wenig

Gedanken, weil ich mich so natürlich wie möglich verhalte. Ich habe keine Angst, ausgeraubt zu werden. Ich beobachte aber viele Touristen und vor allem Deutsche, die am Strand mit Rucksack vor dem Bauch spazieren gehen und ängstlich durch die Gegend schauen. Ich finde, dass man dann vielleicht Urlaub an der Ostsee machen sollte! ;-)

In drei Tagen fliegt Anna für ein paar Tage nach Frankreich und dann nach Deutschland. Ich wechsle die Unterkunft und wohne bei Terese und Barbara.
Was ich sehr positiv finde ist, dass ich mit den beiden auf Englisch sprechen kann. Ich kann mich also unterhalten und Fragen stellen.

17. Oktober 2019

Anna fliegt über Madrid nach Nizza, um dort noch 3 Tage zu genießen. Ich ziehe heute in meine neue Unterkunft und freue mich sehr Terese kennenzulernen, mit der ich schon seit fast einem Jahr über WhatsApp geschrieben habe. Die neue Unterkunft ist nur 1 Kilometer von meinem jetzigen Zimmer entfernt.

19. Oktober/Flug nach Berlin

Es ist Samstag und mir geht es nicht gut. Es ist schwierig, während einer längeren Reise in einer Beziehung zu sein und die andere Person lebt den Alltag in Deutschland weiter. Ich habe mich spontan dazu entschieden, für ein paar Tage nach Berlin zu fliegen. Ich halte Rücksprache mit meinem Onkel Thorsten und meiner Tante Katja, dann habe ich auch schon meinen kleinen Rucksack für Berlin gepackt. Ich erzähle Mona nichts davon. Sie würde nicht wollen, dass ich mal eben von Brasilien nach Deutschland fliege. In meiner Euphorie buche ich auch schon den Rückflug, der vier Tage später geht, denn ich möchte ja nur mal kurz Hallo sagen.

Als Mona mich per Videoanruf kontaktiert, muss ich sie wegdrücken. Ich stehe am Gate. Bevor ich ins Flugzeug steige, schreibe ich ihr

eine kurze Nachricht:
Ich bin auf dem Weg zu dir. Bis morgen Abend!

Es war eine gute Entscheidung, nach Berlin zu fliegen. Die Reise möchte ich nicht abbrechen, aber mein Bauchgefühl hat gesagt, dass ich die Situation für eine kurze Zeit ändern muss. Es ist natürlich schwer für den Partner allein zurückzubleiben, aber ich habe mich so entschieden, wie ich mich entschieden habe: Einfach mal zu reisen und Erfahrungen zu sammeln.

Seit dem Flug habe ich Druck auf dem Ohr, ich kann schlecht hören und mir ist schwindelig. Am Tag vor meinem Rückflug nach Rio gehe ich zum Hals-Nasen-Ohren-Arzt in Berlin. Die Ärztin gibt mir ein Nasenspray und sprüht mir ein Mittel in Nase, Rachen und Ohren. Ich fühle mich allerdings alles andere als flugfähig und entscheide mich, meinen Flug am Folgetag verfallen zu lassen. Die Kosten bekomme ich natürlich nicht erstattet, aber das macht den Kohl jetzt auch nicht mehr fett. Ich buche mir einen neuen Flug und bleibe bis Sonntagmorgen. Um 5 Uhr holt mich das Taxi nach Berlin-Tegel ab. Um 7:15 Uhr ist Boarding und ich kaufe mir schnell noch ein Brötchen und einen Kaffee. Um 7:20 Uhr kommt die Durchsage, dass es eine Verspätung geben wird. Ok, kein Problem! Ich habe Zeit! In Ruhe trinke ich meinen Kaffee aus. Um 8 Uhr kommt die Durchsage, dass die Maschine auf Grund eines technischen Defekts nicht starten wird. Der Flug fällt aus. Und jetzt beginnt Szenario vier und ein riesen Chaos am Flughafen. Alle Mitarbeiter sind mit uns Passagieren überfordert. Wo sollen wir hin? Müssen unsere Personalien aufgenommen werden? Das Ganze dauert ungefähr zwei Stunden, dann sitze ich in einem Taxi auf dem Weg in ein Hotel. Dort bekommt jeder von uns ein Zimmer. Wir dürfen nicht nach Hause, weil die Airline eine Ersatzmaschine organisieren möchte. Ich sitze also an einem Sonntag in einem Berliner Hotel, obwohl ich eine Wohnung in derselben Stadt habe. Selbstständig rufe ich, und auch die anderen Passagiere, immer wieder bei der Airline an. Was gibt es für Alternativen? Können wir uns selbstständig einen anderen Flug buchen? Als ich bis nach Madrid durchgestellt worden bin, erzählt mir der Service-Mitarbeiter, dass wir doch bereits in Madrid gelandet sind. Es wurde überhaupt nicht im System hinterlegt, dass unsere Maschine gar nicht erst gestartet ist. Nach 10 Stunden im Hotel bekommen wir die Nachricht, dass eine Ersatzmaschine um 18 Uhr bereitstehen wird. Ich muss sagen, dass ich mit einigen Reisenden zusammengewachsen bin. Ein älteres Ehepaar hat mich an meine Großeltern erinnert. Sie wollen über Madrid nach Miami fliegen. Sie können zwar kaum Englisch, aber es ist seit vielen Jahren ihr Traum. Wir haben alle den Humor nicht verloren. Passagierin Andrea sagt: „Es ist wie auf einer Klassenfahrt. Hat jeder seinen Sitzpartner?"

Zusammen mit den anderen 80 Passagieren wurde ich wieder zum Flughafen transportiert. Um 18:10 Uhr sitze ich auf meinem Platz. Um 19 Uhr stehen wir noch an derselben Stelle. Immer wieder sehe ich Mechatroniker kommen und gehen. Was machen die da? Wir bekommen eine Durchsage, dass alle nochmal aussteigen sollen und ihr Gepäck identifizieren müssen. Als alle auf dem Weg nach draußen sind, dürfen wir wieder umkehren. Warum? Ich weiß es nicht! Zur Abwechslung kommt um 19:30 Uhr eine Durchsage mit dem Inhalt, dass es leider ein technisches Problem gibt. Ich habe das Gefühl, dass wir in der gleichen Maschine von heute Morgen sitzen. Wohl ist mir nicht mehr. Es ist 20:20 Uhr und wir heben ab. Mit über zwei Stunden Verspätung der Ersatzmaschine, die wahrscheinlich keine ist. Auf diesem Flug sitzen zwei Männer neben mir, sie sind verheiratet. Sie streiten und zicken sich an. Für mich als Außenstehende ist es ziemlich unterhaltsam und lustig. Ich versuche in meinen Schal zu lachen und mir nichts anmerken zu lassen. Wir kommen um Mitternacht in Madrid an, wo wir in einem Hotel untergebracht werden. Am nächsten Morgen ist die Klassenfahrt vorbei. Jeder nimmt einen anderen Flug zu seinem Urlaubsziel. Eine Person fliegt mit mir zusammen bis nach Rio de Janeiro. Sophia. Sophia kommt aus Berlin und wir treffen uns einige Tage später zum Abendessen in einem Restaurant wieder.

Ich bin mit einer Verspätung von 30 Stunden völlig übermüdet in Rio gelandet und nach einer einstündigen Taxifahrt in meinem Zimmer bei Terese.

Am nächsten Tag höre ich auf meinem Ohr überhaupt nichts mehr. Im Internet finde ich einen deutschen Arzt, der mir am Folgetag einen Termin geben kann. Ich habe einen Hörsturz und bekomme Cortison. Ein unangenehmes Gefühl im ganzen Körper! In Brasilien gibt es keine gesetzlichen Krankenkassen und nur private Ärzte. Ich zahle 250 Real für die Untersuchung.

30. Oktober 2019

In Brasilien ist es üblich, einen Portier und eine Reinigungskraft zu haben. Die Haustür wird also 24 h am Tag von einem Portier geöffnet und geschlossen. Und er kann sich gut Gesichter merken, sodass kein Fremder ins

Haus gelangen kann. In der Regel haben auch ärmlichere Familien und Haushalte eine Reinigungskraft, der Grund ist unter anderem, dass es nicht viel kostet. Ca. 8 Real verdienen die Reinigungskräfte pro Stunde, das sind ca. 1,50 €.

Natürlich gibt es Unterschiede. Terese hat einen Hausmann, Robertinho. Er verdient bei ihr 20 Real pro Stunde und bleibt oft sieben Stunden am Tag. Robertinho ist wirklich crazy. Er singt vor sich hin, spricht mit sich selbst und lacht über seine eigenen Witze, die er sich erzählt. Denn mir erzählt er sie nicht, ich verstehe die Sprache nicht gut genug. Wenn ich ihn am Morgen in der Wohnung treffe, dann bereite ich ihm ein kleines Frühstück vor. Er ist herzensgut, das merkt man sofort und dafür muss man die Sprache nicht sprechen. Und eigentlich ist er immer sehr gut drauf. Manchmal setzt er sich eine Perücke auf, tanzt mit dem Besen oder zieht sich High Heels an. Ich glaube, dass er sich bei uns in der Wohnung auslebt! Auf jeden Fall passt er perfekt zur Wohnung. Meine Vermieterin Terese mag es kunterbunt und sie kauft gerne

Schnickschnack. Es sieht sehr schön aus in der Wohnung, aber sie gibt meiner Meinung nach Geld für Dinge aus, die sie eigentlich nicht benötigt. Ich glaube, sie hat eine kleine Kaufsucht. Oder eine größere Kaufsucht.
Wer weiß ?

Robertinho, Leni Rempe©

Rückblick Deutschland

Alltag. Stress. Hektik. 10 neue E-Mails. Das Telefon klingelt. Ich war einfach nur noch gestresst und das seit Jahren. Ich wollte für einen bestimmten Zeitraum einfach mal abschalten und abtauchen. Das habe ich mir 2015 überlegt. 2019 ist der Gedanke dann zur Wirklichkeit geworden. Der Unterschied von damals zu heute ist, dass ich in einer Beziehung bin. Es mag für jemanden, der mich nicht kennt, egoistisch klingen. Aber ich wollte diesen Traum, den man einmal im Leben wahrwerden lassen kann, leben. Und ich habe innerlich gemerkt, dass ich mal raus muss. Dass ich jetzt innerlich zerrissen bin, weil ich natürlich Angst davor habe, was gerade in Deutschland passiert, das kann man wohl auch verstehen. Täglich begleiten mich die Gedanken an meine Freunde und an meine Familie. Aber trotzdem bin ich sehr glücklich in Brasilien zu sein.

01. November 2019 /
Besuch von Mona und Jason

Für neun Tage kommen mich Mona und Jason besuchen. Für die beiden ist auch der erste Aufenthalt in Brasilien. Da Mona keine brasilianische Handykarte hat, fahre ich mit dem Fahrstuhl nach unten, um zu schauen, ob die beiden schon da sind. Und sie stehen vor der Haustür. Ein Glücksgefühl in meinem Bauch! Wir frühstücken nach der langen Anreise und ruhen uns zusammen aus. Das Wiedersehen ist schön. Terese geht noch am gleichen Tag mit uns auf einen brasilianischen Markt und zum Fest der Toten „Festa de los Muertos". Die Menschen trauern an diesem Tag nicht, sondern feiern ihre verstorbenen Familienmitglieder und Freunde. Einige lassen sich mit Gesichtsfarbe bemalen, um böse Geister zu vertreiben (ein Foto folgt).
Natürlich zeigt uns Terese auch einige brasilianische Spezialitäten und gibt uns Tipps für die nächsten Tage.
Sie ist einfach ein Unikat.

Besuch im Jardim Botânico

Der Jardim Botânico ist der Botanische Garten von Rio de Janeiro. Hier findet man Pflanzen und Tiere, die man vielleicht noch nie zuvor gesehen hat oder die man aus Deutschland und Europa einfach nicht kennt. Die sogenannte Königspalmenallee hat mich sehr fasziniert, aber auch die kleinen Affen, die sich von Baum zu Baum hangeln. Ein Tier hat Mona und mir sogar den Atem geraubt. Als wir zur Toilette wollten, haben wir uns zunächst die Hände gewaschen. Mona hat im Augenwinkel etwas wahrgenommen und schaute auf, das wiederum habe ich wahrgenommen und ich blickte ebenfalls nach oben. Mona rannte aus dem Toilettenraum und ich brauchte noch ein paar Sekunden, um zu realisieren warum. Da saß eine Riesenspinne im Fenster über den vielen Waschbecken. Ich habe Gänsehaut am ganzen Körper bekommen, noch nie habe ich so ein Kaliber gesehen. Die Spinne war etwa tellergroß. Ich habe die Luft angehalten. Das mache ich immer, wenn ich mich furchtbar ekele.

Abgesehen von dieser Spinne war der Besuch im Jardim Botânico sehr schön und begeisternd.

Als wir auf dem Weg nach Hause am Yachthafen vorbeigefahren sind, haben wir einen Mann gesehen, der mit zwei Hunden auf einem kleinen Hausboot wohnt. Das Boot sah ziemlich heruntergekommen und der Mann relativ arm aus. Er angelte sich einen Fisch und die beiden Hunde spielten zusammen auf dem Dach. Wir haben ihn ein paar Minuten beobachtet, weil es einfach interessant war, einen Augenblick an diesem Leben teilzuhaben.

Besuch im AquaRio

Um auch in die Welt der Wassertiere
einzutauchen, haben Terese, Mona, Jason und
ich das AquaRio besucht. Wahnsinn wie viele
Fischarten es gibt! Wir konnten auch Rochen
und Haie beobachten. Alle Tiere hatten genü-
gend Platz und sahen gesund aus. Sie spielten
miteinander und auch das indirekte Licht vor
der Aquariumsscheibe lässt darauf schließen,
dass es den Tieren hier wirklich gut geht, auch
wenn sie zu einer Touristenattraktion gehören.
Terese macht hunderte Fotos und auf den
meisten ist sie selbst der Mittelpunkt. Sie liebt
Selfies und reißt dabei den Mund ganz weit
auf. Hört sich sehr lustig an. Ist es auch!
Und bei diesem Besuch
haben wir keine Monster-Spinne gesehen.
Zum Glück!

Lula Livre! 8. November 2019

Am 8.11.19 war Ausnahmezustand, denn Lula ist freigekommen. „Lula Livre" hörte man aus allen Ecken. Meine Mitbewohnerin erklärte mir die Situation relativ einfach. Lula, der ehemalige Präsident Brasiliens, machte Politik für die ärmeren Menschen und der jetzige Präsident, Bolsonaro, macht Politik für die Reichen. Er wird als rechtsextremer Diktator beschrieben und sogar mit Hitler verglichen. Er möchte einen Freifahrtschein zum Töten geben, Vergewaltiger kastrieren lassen und das Fach Sexualkunde abschaffen lassen. Er hat bereits die Studiengänge Soziologie und Philosophie abgeschafft.

Ich sehe hier sehr viel mehr Armut und Obdachlosigkeit als in Berlin. Die Obdachlosen betteln zwar, allerdings wollen sie selten Geld. Als ich am Strand saß und einen Apfel gegessen habe, hat mich ein obdachloser Mann gefragt, ob er meinen Apfel essen darf. Ich habe ihm dann meinen angebissenen Apfel, ein Brötchen und meine Flasche Wasser gegeben. So etwas zu sehen macht mich traurig. Armut in Brasilien ist eine ganz andere als in Deutschland. Als Sozialstaat hat jeder bei uns die Möglichkeit, zum Beispiel zur Tafel zu gehen und in einer Unterkunft zu schlafen.

Die Wahl des rechten Politikers Jair Bolsonaro zum Präsidenten Brasiliens und ein Mord eines Fußballers haben das Land in einen negativen Fokus gerückt. Die Brasilianer befürchten immer mehr die Wiederkehr einer Militärdiktatur. Abseits der üblichen Klischees von Samba, Karneval und Fußball hat Brasilien ein sehr großes Problem mit Kriminalität und Gewalt. 2017 wurden laut offiziellen Statistiken 63.880 Menschen ermordet. Als ich in verschiedenen Seitenstraßen unterwegs war, habe ich Schüsse aus den Favelas gehört. In diesem Moment ist mir klar geworden, dass die Kriminalität sehr präsent ist.

10. November 2019

Heute ist mein erster Tag in der Sprachschule Rioandlearn. Ich bin sehr aufgeregt. Mona und Jason sind gestern Abend wieder nach Deutschland gereist. Schade! Jetzt beginnt wieder eine neue Herausforderung für mich. Ich gehe ca. 1 Kilometer an der Copacabana entlang, biege dann einmal nach rechts ab und schon stehe ich vor dem Klassenzimmer.
Ich habe eine kleine Klasse erwischt, denn wir sind zu viert. Chen (Jerusalem), Ben (London) und Jens (Kopenhagen) heißen meine Mitschüler für die nächsten Wochen. Portugiesisch ist komplizierter als Spanisch und das wird mir heute noch bewusster. Interessant finde ich die Verniedlichungen. z.B. wird aus casa (Haus) casinha (Häuschen). Und so ist es auch bei Vornamen. Es sagt kaum jemand Robert, sondern Robertinho. Ich finde das niedlich.

12. November 2019

Bei Rioandlearn haben wir Schüler jeden Tag
die Möglichkeit bei Freizeitaktivitäten teilzu-
nehmen. Diese Woche bieten sie u.a. einen
Sambakurs und eine Tour nach Petropolis an.
Wir erfahren viel über Brasilien, die Einwohner, die Mentalität und speziell über Rio und
die Favelas. Die größte Favela ist Rocinha. In
einer Favela darf man nur mit Abblendlicht
fahren, wenn es dunkel ist. Andernfalls fühlen
sich die Bewohner bedroht oder herausgefor-
dert. In den Favelas (Problemvierteln) von Rio,
die nicht befriedet sind, haben die Drogen-
clans das Sagen. Nicht befriedet heißt, dass
dort keine permanente Polizeipräsenz
herrscht. Es gibt große Unterschiede zwischen
den ganzen Favelas. Und sie gehören zu Rio
dazu. Ich finde, die Favelas machen Rio auch
aus. Überall an den Hängen sieht man die
Blechhütten, die teilweise sehr schön sind.
Und es wohnen nicht nur arme Familien in
den Favelas, die auch Slums genannt werden.
Da die Unterkünfte dort sehr günstig sind,
wohnen dort viele Familien, die einen guten

Job haben und im Zentrum der Stadt arbeiten.
So haben sie am Monatsende mehr Geld übrig.

14. November 2019

Ich habe Schulschluss und mache noch einen
Spaziergang. Ich gehe an einer bemalten
Mauer vorbei, auf der das Ergebnis des
Endspiels der WM 2014 steht:
Deutschland 1:0 Argentinien. Ich habe vor ein
paar Tagen zu einem Brasilianer gesagt:
Sete para um, meu amigo! Auf Deutsch:
Sieben zu eins, mein Freund!
Deutschlands Sieg gegen Brasilien im
Halbfinale wird ewig zwischen den beiden
Ländern stehen, aber die Brasilianer können
schon wieder etwas drüber lachen. Miroslav
Klose und der DFB haben die Brasilianer in
Angst und Schrecken versetzt. Zur Halbzeit
stand es bereits 5:0 und am Ende 7:1.
Hier kennt jeder Klose, Franz Beckenbauer,
Manuel Neuer und Toni Kroos.

Mauerbilder an der Copacabana

Leni Rempe©

Leni Rempe©

Der Cachaça und andere Spezialitäten

Der Cachaça ist Brasiliens Nationalgetränk. Ich würde es mit Bullenschluck in Deutschland vergleichen. Meine Mitbewohnerinnen Barbara und Terese versuchen, mich an den Geschmack zu gewöhnen, aber mehr als ein kleines Schluckglas kann ich davon nicht trinken. Ich habe viele brasilianische Spezialitäten probiert und ich muss sagen, dass sie wirklich lecker sind. Neben dem Cachaça gibt es auch das süße und alkoholfreie Getränk Guanara. Den brasilianischen Bananenkuchen habe ich an manchen Tagen sogar zum Frühstück genascht. Sehr zu empfehlen sind die Pasteis. Pastei ist eine Teigtasche, die frittiert wird und entweder mit Käse oder Fleisch gefüllt ist. Pão de quejo sind Käsebällchen, die sehr sättigend sind. Man schafft kaum mehr als 3 Käsebälle. Bolinho de Frango ist ein frittiertes Maismehl-Hühnchen-Bällchen. Ich könnte das jeden Tag essen. Die Brasilianer essen sehr fettig und süß, das ist eigentlich nicht ganz mein Geschmack, aber ich musste mich ja mit meinen Essgewohnheiten in dem Land anpassen, denn deutsches Vollkornbrot gab es natürlich nicht.

Pão de queijo, Leni Rempe©

22. November 2019 / Prüfung bestanden!

Heute bekomme ich nach bestandener Prüfung mein Zertifikat für meine Zeit in der Sprachschule. Portugiesisch zu lernen ist schwer. Ich verstehe schon viel, aber selbst einen Satz zu formulieren, das fällt mir schwer. Aber die Basics habe ich innerhalb von zwei Wochen gelernt und damit bin ich sehr zufrieden. Meine Mitbewohnerin Barbara hat mir außerdem Schimpfwörter beigebracht. Wenn ich mich in Berlin mal wieder über den Verkehr aufrege, dann soll ich laut „caralho" rufen!

Leni Rempe©

Rioandlearn / Lehrer Junior,
Leni Rempe©

Die Aufzugsphilosophie

Die Häuser in Rio de Janeiro, die teilweise aus 130 Wohnungen bestehen, sind als Zweiklassensystem ausgerichtet. Wie das zum Ausdruck kommt? Durch die Aufzüge. Die Benutzung ist teilweise streng geregelt, wie mir Terese erklärt. Am Vorderhaus gibt es den elevador social, das ist der offizielle Aufzug für die Hausbewohner. Postboten, Haushälterinnen, Reinigungskräfte und Lieferservice-Mitarbeiter müssen den elevador de servico benutzen. Auch unsere Wohnung hat zwei Eingangstüren, die jeweils zu einem Aufzug führen. Auch wenn Robertinho, unser Hausmann, mit Terese befreundet ist, benutzt er täglich den elevador de servico. Das Zweiklassensystem und das Denken sind immer noch tief verwurzelt in Brasilien und beim Brasilianer.

Leni Rempe©

Pão de Açúcar

Der Zuckerhut ist 394 Meter hoch und als Granitblock ein echtes Naturwunder. Mit Regenwald überzogen, befindet er sich am Eingang der Baia de Guanabara, der berühmten Guanabara Bucht. Mehr als 50 Klettertouren führen hoch auf den Zuckerhut. Ich war zweimal an der äußersten Spitze, allerdings mit der Seilbahn. Von oben konnte ich direkt auf die Copacabana schauen und sogar das Hilton Hotel und damit auch meinen derzeitigen Wohnort bei Terese ausfindig machen, weil unser Wohnhaus direkt hinter dem Hilton Hotel steht. Ich kann jedem nur empfehlen diese Touristenattraktion zu machen, der Ausblick ist einmalig!

Zuckerhut, Leni Rempe©

Zuckerhut, Leni Rempe©

Zuckerhut, Mona©

Zuckerhut, Leni Rempe©

Ausblick Zuckerhut
Leni Rempe©

Avenida Nossa Senhora de Copacabana/
da hat ein Vogel meine Frisur mit einem Nest
verwechselt! Leni Rempe©

Leni Rempe©

Obstmarkt, Leni Rempe©

25.November 2019 / Praktikum

Ich mache für zwei Wochen ein Praktikum in einer deutsch-brasilianischen Privatschule. Fotos sind hier nicht gestattet und auf das große Gelände, das von Sicherheitsleuten und Polizisten bewacht wird, komme ich nur mit meinem Reisepass. Es sind alle Altersgruppen vertreten, von der Kita bis zur 13. Klasse. Ich schaue mir den Deutschunterricht an und korrigiere Diktate. In den Pausen spiele ich mit den größeren Schülern Basketball oder Fußball. Ich bin nicht ganz untalentiert was Ballsportarten angeht, aber die Brasilianer lassen mich sehr alt aussehen. Ich komme kaum hinterher.

Ein weiterer Mitbewohner zieht heute bei Terese, Barbara und mir ein. Alessandro, genannt Alex, kommt ursprünglich aus Rom. Er ist Footvolley-Spieler. Die Sportart ist eine Mischung aus Volleyball und Fußball. Zuletzt hat er in Köln gespielt und somit kann er etwas Deutsch sprechen.

Cervejaria Bohemia

Henrique Kremer, ein deutscher Einwanderer in Petropolis, braute 1853 aus Bergquellwasser das erste Bier in Brasilien. Das Bohemia ist heute eines der besten Biere in Brasilien. Der Ururenkel von Henrique Kremer ist Joao Vito Kremer, der junge Mann aus der Bäckerei. Joao und ich schreiben bei WhatsApp oder treffen uns an der Copacabana. Er erzählt mir viel von seiner Familie. Er berichtet auch, dass von seinem Gehalt in der Bäckerei am Monatsende nichts übrigbleibt. Joao arbeitet 6 Tage die Woche und 8 Stunden am Tag. Er verdient 1600 Real, das sind umgerechnet 307 €. Auch das ist ein Grund, weshalb er mit 23 noch mit seiner Familie in einer kleinen Wohnung wohnt. Aber die Brasilianer sind absolute Familienmenschen und er erzählt, dass er auch noch nicht ausziehen wollen würde.

Bohemia, Leni Rempe©

Ich mache mit meiner Mitbewohnerin Barbara einen Bohemia-Abend. Wir quatschen tiefgründig. Barbara spürt, dass ich meine Freunde und meine Familie vermisse. Wir reden über meine Gefühle und Emotionen. Das Fazit des Gespräches ist: „Leni, du bist dafür verantwortlich, glücklich zu sein. Du darfst traurig sein, aber du musst auch happy sein. Du musst deine Balance finden! Und mach dein Glück nicht von anderen Menschen abhängig!"

Diese Sätze haben sich bei mir eingebrannt. Dennoch einfacher gesagt, als getan.

Parque Lage, Leni Rempe©

Tukan / Parque Lage, Mona©

Parque Lage, Leni Rempe©

AquaRio, Leni Rempe©

Botanischer Garten, Leni Rempe©

Botanischer Garten, Mona©

Königspalmenallee, Mona©

Königspalmallee, Leni Rempe©

Botanischer Garten, Mona©

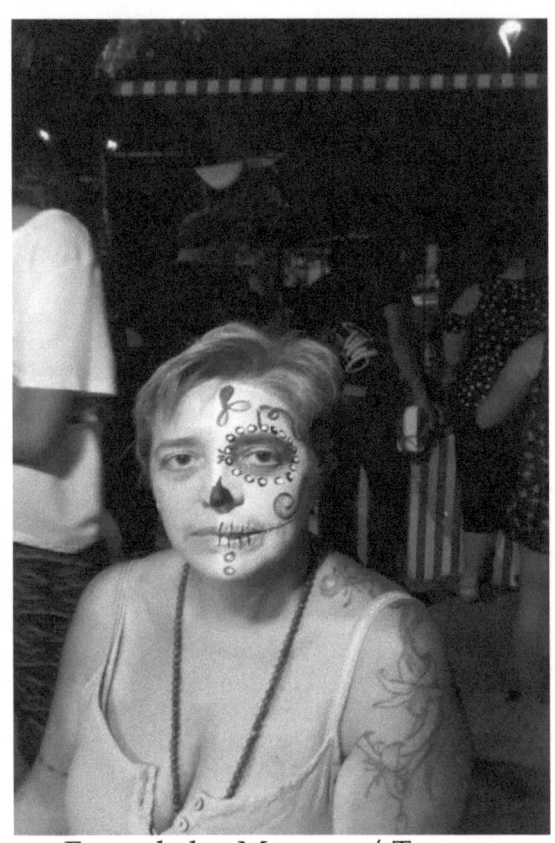

Festa de los Muertos / Terese,
Leni Rempe©

Alter Stadtteil Rio de Janeiro/am Yachthafen,
Mona©

Leni Rempe©

Favela Mangueira, Leni Rempe©

Yachthafen, Mona©

Leni Rempe©

Santa Teresa, Leni Rempe©

Favela Santa Marta, Leni Rempe©

Flamengo

Flamengo ist ein attraktiver und beliebter
Stadtteil Rios, mit breiten Boulevards und
Seitenstraßen, sowie dem Parque do Flamengo
an der bekannten Guanabara Bucht. Täglich
sehe ich hier Skateboarder auf den belebten
Wegen des Parks. Es gibt öffentliche
Basketball- und Fußballplätze. Das erinnert
mich an Berlin. Wer nach Rio reisen möchte,
dem empfehle ich diesen Platz. Man kommt
schnell mit Brasilianern ins Gespräch oder sie
sprechen dich an und fragen, ob du mitspielen
möchtest. Das finde ich klasse.

Santa Marta

Santa Marta ist eine befriedete Favela, die zum
Tijuca-Urwald führt. Eine Lieblingsbeschäfti-
gung der Favela-Kinder ist es, Drachen steigen
zu lassen. Viele Kinder nehmen am
Capoeira-Unterricht teil.
Capoeira ist eine brasilianische Kampfkunst,
die während der Kolonialzeit in Brasilien von

verschleppten Sklaven aus Afrika praktiziert und entwickelt worden ist.

Von der Favela Santa Marta kann man die Straße Rua Sao Clemente erblicken, wo es eine dichte Ansammlung von Hauswürfeln gibt, die sich bis zum Corcovado (Christus-Statue) hochzieht. Früher war diese Favela die gefährlichste, seit 2008 ist sie jedoch befriedet.

Corcovado/ Christus-Statue

Die Christus-Statue ist 30 Meter hoch, breitet ihre Arme über die gesamte Stadt aus und ist von überall zu sehen. Auch aus der Nähe ist die Statue, deren Kopf 27 Tonnen wiegt und deren ausgebreitete Arme
72 Tonnen wiegen, ein eindrucksvoller Anblick. Die Statue ist umgeben von dem Parque Lage. Der Corcovado ist auf zweierlei Arten zu erreichen. Am beliebtesten ist die Fahrt mit der Zahnradbahn. Die Alternative ist, dass man wandert. Ich habe das Ganze zwei Mal durchgezogen. Mona hatte mich an einem Tag überredet, und wir sind spontan

mit Jason hochgewandert. Ich habe selten so geschwitzt. Dadurch, dass man immer im Kreis um den Berg nach oben geht, ist es ein Wanderweg von ca. 5 Kilometern mit Anstieg. Das hört sich wenig an, aber es ist wirklich sehr anstrengend. Umso schöner, wenn man endlich oben angekommen ist und über die ganze Stadt blicken kann. Leider war es an diesem Tag nebelig und wir konnten sogar den Christo nur zwischendurch sehen, obwohl wir direkt vor ihm standen. Ich hatte die Möglichkeit, noch ein zweites Mal mit meinem Kumpel Jens hochzuwandern. Es war ein sonniger Tag und uns lief der Schweiß von der Stirn. In 1,5 Stunden waren wir oben, drei kleine Pausen haben wir gemacht. Wir konnten über die ganze Stadt sehen und sogar bis nach Niteroi, eine kleine Nachbarstadt von Rio de Janeiro. Wir haben auf den Sonnenuntergang gewartet und mit einem Bohemia Bier angestoßen. Die Gespräche mit Jens haben mich geprägt und ich bin sogar kurz sentimental geworden. Er ist Journalist in Kopenhagen und hat mich auf dem Corcovado mit einem Mikrofon interviewt. Wir haben über Gefühle und unterschiedliche Charaktere gesprochen. Dabei haben wir festgestellt, dass wir beide sehr emotionale und sentimentale Menschen sind. Und auch extrem in unserem Denken und Handeln. Jens sagte, dass er manchmal extrem traurig ist, aber auch extrem glücklich sein kann. Das ist bei mir genauso. Und es kann innerhalb von 24 Stunden in beide Richtungen gehen. In einem Moment denke ich: Ach, das wird alles schon. Ich bin glücklich. Ich freue mich über alles. Juhu, der Bus ist pünktlich gekommen. Toll!

Im nächsten Moment passiert eine Kleinigkeit und ich bin extrem traurig und enttäuscht. Auch in meinem Handeln bin ich manchmal extrem. Ich sehe es allerdings auch als große Disziplin, die ich besitze. Auch durch den Sport, den ich fast mein ganzes Leben in einem Team betrieben habe. Wenn ich keinen Alkohol trinken möchte, dann stelle ich es komplett ein. Ich trinke dann nicht weniger als sonst, sondern gar nicht! So war es während meiner Schulzeit auch oft mit Klausuren. Mittelmaß hatte ich selten. Ich habe in Mathe entweder eine Zwei oder eine Fünf geschrieben. Natürlich gab es auch Ausnahmen. Jens ist der erste Mensch, den ich treffe, der mich in meinem Denken versteht. Wir sind zu der Erkenntnis gekommen, dass es gut ist wie wir sind. Es ist besonders, Gefühle so wahrzunehmen. Auch wenn man oft leidet, wenn man schnell enttäuscht und traurig ist. Dafür können wir vielleicht auch viel glücklicher sein als andere Menschen, weil wir auch das viel extremer wahrnehmen können. Das ist die vielleicht die beste Erkenntnis dieser Reise. Auch den Tag für diese Wandertour hätten wir nicht besser auswählen können, denn das Wetter war herrlich. Klare Luft und viele Sonnenstrahlen.

Insgesamt war das Wetter während meiner Brasilien-Zeit von Regentagen geplagt. Über den Daumen gepeilt würde ich sagen, dass es von 60 Tagen mehr als 25 Tage geregnet hat, und zwar mehr, als wir es aus Deutschland kennen. Die Straßen standen unter Wasser, das nicht ablaufen konnte, und die Autos konnten teilweise nicht fahren.

Corcovado, Leni Rempe©

6.Dezember 2019 /
Favela-Tour mit Sir George

Ein Freund von Terese ist Taxifahrer und wird von allen Leuten Sir George genannt. Wir machen eine Stadttour mit seinem Taxi. Terese sucht eine Tür für ihr Schlafzimmer und ein paar Kleinigkeiten. Sie kauft ja wie gesagt gerne ein. Wir verbinden das mit einer kleinen Favela-Tour, denn in den Favelas kann man gute Sachen einkaufen und brasilianische Spezialitäten essen und trinken. In der Sonne essen wir leckere Pasteis und trinken ein süßes Getränk, das vor unseren Augen aus Zuckerrohr zubereitet wird. Sir George weist mich darauf hin, dass ich meine Uhr lieber im Taxi verstecken und mein Handy nicht sichtbar aus der Tasche holen soll. Das zeigt mir, dass selbst die Brasilianer Respekt vor den Clans in den Favelas haben. Ich habe mich allerdings immer sicher in Brasilien gefühlt und auch an diesem Tag. Es hat so viel Spaß gemacht und ich habe so viele Teile der Stadt gesehen, zu denen ich alleine niemals gefahren wäre.

Danke Sir George und Terese!

4. Dezember 2019 /
Besuch im Estadio do Maracanã

Ein Traum von mir hat sich am 04.12.2019
verwirklicht. Ein Besuch im Maracanã,
da wo Deutschland 2014 Weltmeister geworden ist. Ich bin so dankbar, dass Barbara mir
so viel gezeigt hat und die Fußballleidenschaft
mit mir teilt. Als Sportmoderatorin ist sie öfter
bei hochklassigen Fußballspielen dabei.
Zusammen mit Alex sind wir zu dem Spiel
zwischen Fluminense und Fortaleza gegangen.
Fluminense ist ein Club in Rio. Rio hat drei
Clubs in der ersten Liga. Neben Fluminense
gibt es noch Botafogo und Flamengo. Flamengo ist das Bayern München Brasiliens. Finan-
ziell und erfolgsmäßig heben sie sich von den
anderen Clubs ab, entweder man liebt diesen
Verein oder man hasst ihn, dazwischen gibt es
nichts, wie bei den Bayern. Die
Atmosphäre im Maracanã war unglaublich,
die Menschen waren gut drauf und feuerten
Fluminense an. Ich hab mich von dieser
Euphorie treiben lassen und habe irgendwann
mitgesungen. Die Eintrittskarte bewahre ich

gut auf und werde dieses Erlebnis niemals vergessen. Danke Barbara!

Maracanã/ Barbara und Alex,
Leni Rempe©

Der Karaoke Abend und die Freak-Show

Na Feira de Sao Cristovao do Rio de Janeiro ist ein großes Gelände im Herzen Rios mit verschiedenen Bars, Karaoke-Bars, Restaurants, Cafés, Bühnen und kleinen Einkaufsmöglichkeiten. Das Gelände ist abgesperrt und man hat nur Zutritt mit einem Ticket, das man für 5 Real (1,20 €) kaufen kann. Es ist zum Teil vergleichbar mit der Reeperbahn in Hamburg oder mit dem RAW-Gelände in Berlin. Aber es ist alles viel enger zusammen und es gibt viel kleinere, aber dafür viel mehr Bars. Barbara, Terese, Alex und ich sind an einem Samstagabend dort gewesen. Wir haben etwas Traditionelles gegessen. Reis mit schwarzen Bohnen, Fleisch und Pommes. Die Brasilianer lieben dieses Menü. Nachdem wir uns gestärkt haben, sind wir zu einer Bühne gegangen, wo traditionelle Musik gespielt wurde und die Leute einen Partnertanz tanzten. Ich habe leider bis heute nicht verstanden, was der Tanz ausdrücken soll. Es sah aber definitiv aus, wie in einer Freak-Show. Auch Terese

sagte als Einheimische:„Leni, we are in a
Freak-Show now, hahhaaaha!"
Es war ein toller Abend und ich war
losgelöster als in den Wochen zuvor. Vielleicht
lag es daran, dass ich mich entschlossen hatte,
am kommenden Dienstag zurück nach Berlin
zu fliegen. Es war mein Abschiedsabend. Die
letzten Wochen waren aufregend, emotional
und rasant. Aber es ist die Zeit gekommen, an
der ich nach Hause fliege.

Karaoke-Abend, Leni Rempe©

Einiges auf dem Tacho

Ich habe einige Flüge hinter mich gebracht.
Und die Hälfte war nicht geplant.

Berlin-Lissabon	2314,47 Km
Lissabon-Miami	7627,39 Km
Miami-Bogota	2438,21 Km
Bogota-Rio	4539,89 Km
Rio-Madrid	8156,21 Km
Madrid-Berlin	1870,50 Km
Berlin-Madrid	1870,50 Km
Madrid-Rio	8156,21 Km
Rio-Madrid	8156,21 Km
Madrid-Berlin	1870,50 Km
Gesamt	47.000,09 Km

Erkenntnisse der Reise

Die Reise war geprägt von Pannen und vielen Tränen. So ehrlich muss ich sein. Aber ich habe sehr viel über mich gelernt. Und eine Erkenntnis in Bezug auf uns Deutsche ist, dass wir sehr viele Vorurteile haben und teilweise sehr diskriminierend sind. Ich bin ohne sprachliche Kenntnisse nach Brasilien gereist. Natürlich habe ich ein paar Wörter verstanden, weil ich im Abitur Spanisch hatte, aber ich konnte mich selbst nicht artikulieren. Ich wurde weder blöd angeschaut noch waren die Brasilianer ungeduldig. Im Gegenteil. Sie haben mir bei jeder Gelegenheit versucht, die Sprache beizubringen. Ob beim Einkaufen, in der Schule oder am Strand. Als ich nach ein paar Tagen versucht habe etwas auf Portugiesisch zu bestellen, waren die Kellner begeistert und haben meine Sätze verbessert. Ich glaube, dass ich das in Deutschland kaum erleben werde, dass ein Ausländer gelobt wird, wenn er drei Wörter Deutsch kann. Da wird doch sofort gemeckert, warum er oder sie in unserem Land ist und die Sprache nicht sprechen kann. Das klingt pauschal, aber ich empfinde es so. Und ich selbst bin auch öfter genervt, wenn mich in Berlin jemand an- spricht, aber ich ihn einfach nicht verstehe. Ich möchte das ablegen, weil es nicht fair ist!

Eine wichtige Sache, die mir sehr gefehlt hat: das deutsche Brot. Fast drei Monate nur Weizenbrot und Weizenbrötchen zu essen, das hat mich tatsächlich auch etwas an meine Grenzen gebracht. Ich liebe Vollkornbrot!

Ich bin ehrlich gesagt stolz auf mich, dass ich alles gemeistert habe. Ich bin diesen weiten Weg von Rio über Madrid bis nach Berlin zwei Mal alleine geflogen. Ich konnte die Sprache nicht, die Flughäfen in Rio und in Madrid sind sehr groß. Und ich habe Freunde in Brasilien gefunden. Terese, Barbara, Robertinho, Joao und Alessandro sind mir sehr ans Herz gewachsen und ich werde diese Erfahrung und die Gespräche mit ihnen niemals vergessen.

Für mich persönlich waren die Gespräche mit Jens und Barbara sehr wichtig. Gefühle extrem wahrzunehmen ist nicht schlecht, sondern besonders.

Rückflug nach Berlin

Mein erster gebuchter Rückflug sollte am 31.12.2019 sein, den habe ich auf den 23.12.2019 umgebucht. Ich habe mich allerdings entschieden am 10.12.2019 zurück nach Berlin zu fliegen, ich werde am 11. Dezember gegen 19:30 den Flughafen in Berlin-Tegel betreten. Doch bei meiner Zwischenlandung in Madrid- den Flughafen kenne ich mittlerweile sehr gut- hat mich mein „Reise-Glück" nicht im Stich gelassen. Mein Flug nach Deutschland hat eine Stunde Verspätung. Ok, das kann ich nach den ganzen Strapazen noch verkraften. Jetzt wird's besser. Kurz vor Abflug wird er GECANCELT. Ich kann nicht mehr wütend werden, also bekomme ich einen Lachanfall und gehe eine kurze Runde im Kreis. Als ich erneut auf das Board schaue, steht unter meinem Flug: Boarding. Was? Jetzt ist das

Boarding? Zielstrebig und mit schnellen
Schritten gehe ich zu meinem Gate.
30 Minuten später sitze ich auf meinem
Sitzplatz und betrete tatsächlich um 19:30 Uhr
den Berliner Flughafen. Unglaublich, aber
wahr.

Pleiten, Pech und Pannen

Ich habe überlegt, ob dieses Buch den Titel „Pleiten, Pech und Pannen" bekommen soll. Aber das würde der Reise nicht gerecht werden. Denn ich hatte nicht nur Pech und ich hatte auch nicht nur Pannen. Pleite bin ich nicht ganz, aber durch die ausgefallenen Flüge und die einen oder anderen Restaurantbesuche ist mein Geldbeutel sehr viel leichter geworden. Ich möchte ganz offen sein. Ich bin ein realistischer Mensch, der seine Finanzen fest im Griff hat. Mit 14 habe ich in meiner Schule zusammen mit einem Freund und mit der Unterstützung von zwei Lehrkräften den Schulkiosk geführt. Wir hatten monatlich 60 bis 80 € Taschengeld pro Person. Die habe ich meistens gespart. Mit 15 habe ich als Schülerin in der Wagenfelder Molkerei gearbeitet und mit 16 habe ich meine Ausbildung angefangen. Ich war bis heute immer in irgendeiner Form arbeiten.
Ich konnte mir diese „Luxus-Reise" absolut leisten. Ok, jetzt werde ich Zahlen nennen. Ich habe für meine 85 Tage 6000 € eingeplant.

Darin enthalten sind die Unterkünfte in Lissabon, Miami und Rio, alle Flüge, Taschengeld für Lebensmittel und Aktivitäten. Da Anna und ich die Unterkünfte und die Flüge ein Jahr vorher gebucht haben, konnten wir einige Schnäppchen schlagen. Wenn alles nach Plan gelaufen wäre, dann wäre ich mit dem Geld auch locker ausgekommen. Leider ging der Plan schon nach dem ersten Tag nicht mehr auf. Der verpasste Flug nach Miami, der nicht geplante Aufenthalt im Oktober in Berlin, der Hörsturz und die damit verbundene Neubuchung haben mich nochmal 5000 € gekostet. In der Summe hat mich die Reise dann 11.100 € gekostet.

Ich habe mein Englisch aufgebessert, ich bin noch offener und auch etwas selbstsicherer geworden. Und das alles ist mit Geld nicht zu bezahlen. Klingt nach einer Phrase, ist aber die Wahrheit! Ich bin stolz darauf, die kritischen Situationen gut gemeistert zu haben.

Danke, dass du dieses Buch gelesen hast!

Die beste Lücke meines Lebenslaufs!

Leni

„Du hast jetzt nicht nur Freunde in Deutschland, sondern auch in Brasilien. Immer wenn man dich sieht, dann hast du ein Lächeln im Gesicht. Pass auf dich auf!"

Joao Kremer
(Bäckereifachverkäufer, Rio de Janeiro)

„Ich habe ein Mädchen getroffen, das voller Respekt und Freude ist. Danke für deine leichte Seele und das Erlebnis im Maracanã!"

Alessandro „Alex"

„Du bist als Gast gekommen und gehst als Familienmitglied. Du hast in Brasilien eine zweite Mutter."

Terese Bellido

„Bereits am ersten Tag hatten wir ein tiefgründiges Gespräch. Mach dein Glück nicht von anderen abhängig. Du kannst mich zu jeder Zeit kontaktieren, wir sind Freunde geworden. Pass auf dich auf!"

Barbara

Weitere Bücher:

„Nachspielzeit - jede Minute zählt"

Leni Rempe©

„Ferngesteuert- Freiheiten ohne Freiheit"

Leni Rempe©

Leni Rempe©

Danke an Jens Kjaer, Beate Brand, Stefan Gröning, Julian Fiebig und Terese Bellido!

Zeitfracht Medien GmbH
Ferdinand-Jühlke-Straße 7
99095 Erfurt, Deutschland
produktsicherheit@kolibri360.de